# FUN HAND Lettering

## VERRÜCKTE ALPHABETE FÜR KIDS

# Inhaltsverzeichnis

# Lettering macht Spaß!

Schreiben kann Spaß machen – besonders, wenn du versuchst, jedem einzelnen Buchstaben eine besonders originelle Form zu geben.

Beim Lettering wählt man besondere Buchstabenformen aus, denn Buchstaben können sehr unterschiedlich aussehen. Hier siehst du achtmal den gleichen Buchstaben, ein A. Doch die Form ist jedesmal ganz anders.

## Was ist Fun-Lettering?

Ganz bestimmt hast du schon einmal etwas von „Hand-Lettering" gehört. Das ist die Kunst, schöne Buchstaben mit der Hand zu malen. Fun-Lettering ist wie Hand-Lettering, nur mit Spaßfaktor. Es gibt nicht so viele Regeln wie beim „ordentlichen" Lettering und die Buchstaben sind einfach ein bisschen verrückter.

### Beispiele für „ordentliches" Schreiben:

Kalligrafie: Schönschrift, bei der die Buchstaben meist mit einer Feder geschrieben werden.

*Das ist Kalligrafie.*

Brush-Lettering: Die Buchstaben werden mit einem Pinsel(-stift) geschrieben oder gemalt. Es gehört zum Hand-Lettering.

**Das ist Brush-Lettering.**

### Und so lettern wir in diesem Buch:

Mit den Grundschriften sieht's auch ordentlich aus.

Fun-Lettering: ein Buchstaben-Mix aus verschiedenen Alphabeten aus diesem Buch.

# Grund- und Fun-Alphabete

Das Buch enthält fünf Grundalphabete und zehn besondere Alphabete. Sie werden im Buch jeweils mit einer Übersicht und einem Übungsteil vorgestellt.

## Aufbau der Grundalphabete-Seiten

Tipps zur Konstruktion der Buchstaben

Das Grundschrift-Alphabet mit allen Buchstaben

Zwei Seiten mit typischen Buchstaben zum Nachzeichnen und Üben

## Aufbau der FUN-Alphabete-Seiten

Ein Beispielbild mit der Schrift in Anwendung

Benötigtes Material

Tipps zur Konstruktion und zum Zeichnen der Buchstaben

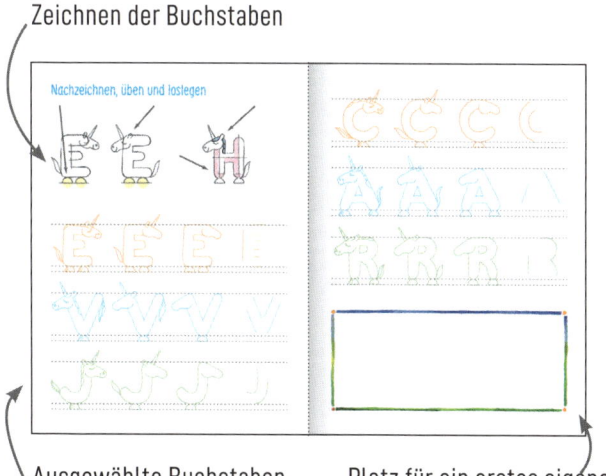

Tipps zur Verwendung und Gestaltung der Schrift

Das ganze Fun-Alphabet

Ausgewählte Buchstaben zum Nachzeichnen und Üben

Platz für ein erstes eigenes Lettering-Projekt

Ich habe auch noch gute Tipps für dich!

Die Vorzeichnungen auf den Übungsseiten sind mit mehr oder weniger Einzelheiten ausgeführt.

# Form und Farbe: Wie Schrift wirkt

Bereits die Form eines Buchstabens spricht zu dir. Hast du nicht auch manchmal das Gefühl, dass eine Schrift freundlicher ist als eine andere? Diesen Effekt kannst du für dein Lettering-Bild nutzen, wenn du eine Schrift bewusst auswählst.

Runde Formen ohne Ecken machen eine Schrift weicher.

Ecken und gerade Linien machen die Schrift hart.

Serifen (s. S. 28) lassen eine Schrift stabiler wirken.

Schräge Buchstaben geben einer Schrift Geschwindigkeit.

Mit dünnen Linien und viel Weiß wirkt eine Schrift zarter.

Dicke, fette Linien lassen eine Schrift ins Auge springen.

Wenn eine Schrift noch „sprechender" ist, sagt man auch: Die Schrift ist **illustrierend**. Dann sehen die Buchstaben mehr oder weniger wie Bilder aus. Solche Alphabete findest du ab Seite 34.

# Farben haben eine Botschaft!

Jede Farbe hat ihren eigenen Charakter und ihre besondere Bedeutung. Mit der Auswahl der passenden Farben kannst du die Botschaft deines Textes unterstützen.

# Neon Cool Elegant

Bestimmte Wörter klingen oft schon selbst wie Farben: „Neon" kann nicht dunkel, „Cool" nicht feuerrot und „Elegant" nicht knallbunt sein.

# Wind Sonne Freude

Es gibt kalte (beispielsweise Blau, Grün und Türkis) und warme (Gelb, Orange oder Rot) Farben. Mit ihnen kannst du außer Temperaturen auch Gefühle ausdrücken.

# Fee Prinzessin Pirat

Von manchen Dingen haben wir ein bestimmtes Bild, ein so genanntes Klischee im Kopf. Verwendest du die Farben dieser Bilder für entsprechende Begriffe, verstärkst du die Wirkung der Wörter.

# Natur Liebe Gefahr

Farben können mehrere Bedeutungen haben: Die Natur ist grün und die Liebe ist rot. Das kennst du ja. Aber auch Warnungen sind rot – denk nur einmal an eine Verkehrsampel!

# Natur Liebe Gefahr

Wenn man die „falschen" Farben verwendet, wirkt das Schriftbild merkwürdig: „Natur" sieht hier künstlich aus, „Liebe" ist etwas giftig und die „Gefahr" kann man irgendwie auch nicht ernst nehmen.

# Konstruktion und Vorzeichnung

Lettering ohne Hilfslinien sieht schnell schief und krumm aus. Besser ist es, du zeichnest mit dem Lineal ein paar Striche vor, die du anschließend wegradierst.

*Das ist schräg.*

*Das ist schick.*

Freihändig gleich große Buchstaben auf einer geraden Linie zu schreiben, ist ziemlich schwierig.

Schon wenige Hilfslinien machen es dir viel einfacher, gleichmäßige Buchstaben zu schreiben.

Karopapier ist super hilfreich beim Vorzeichnen und Üben von Buchstaben: Die Linien bleiben parallel und du hast alle Abstände immer im Blick. Du kannst sogar ganz einfach schräge Linien im gleichen Winkel zeichnen.

Auf Karopapier lassen sich Buchstaben auch ganz schnell ohne Hilfslinien konstruieren. Probiere es einmal aus.

# Kolorieren: So kommt Farbe in die Buchstaben.

Verschiedene **Materialien** geben den Buchstaben einen unterschiedlichen Look.

Buntstifte geben dem Buchstaben eine raue Oberfläche.

Filzstifte sorgen für unruhige Flächen.

Mit Markern kannst du gleichmäßiger kolorieren.

Deckfarbe sorgt für einigermaßen gleichmäßige Flächen.

Aquarell- oder verdünnte Deckfarbe wirkt am edelsten.

Auch die **Art und Weise**, wie du kolorierst, verändert den Charakter deiner Schrift.

  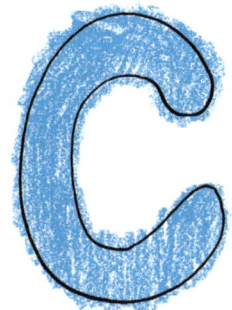  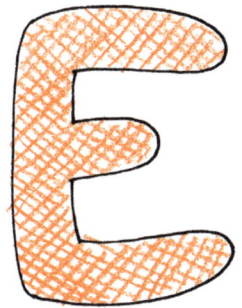

Genau bis zur Umrisslinie: ordentlich und klar.

Innerhalb der Umrisse, mit Abstand: schwebend.

Über die Umrisse hinaus: wild und verrückt.

Schraffiert: skizzenhaft und angedeutet.

Doppelt schraffiert (Kreuzschraffur): mit Sorgfalt skizziert.

Um Buchstaben plastischer zu machen (3D-Effekt), kannst du sie **schattieren**.

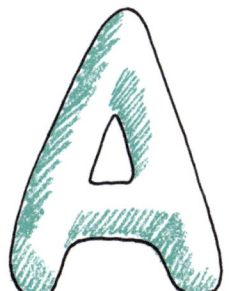 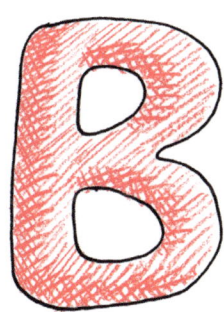 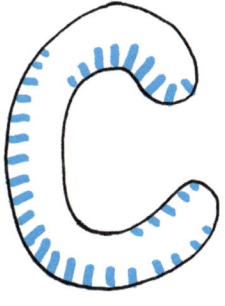  

Einfache Schattierung mit Buntstift.

Schattierung mit doppelter Schraffur.

Schematische Schattierung mit Filzstift.

Schattierung mit Aquarellfarben.

Buntstift-Schatten auf Wasserfarbe.

# Material

Fürs Fun-Lettering brauchst du nicht viel Material. Das meiste hast du ohnehin schon zu Hause oder in deiner Schultasche.

Zum **Vorzeichnen** nimmst du einen weichen **Bleistift** (B), der sich leicht radieren lässt.

Für eine detailreiche **Zeichnung** nimmst du einen **Fineliner**. Willst du mit Wasserfarben kolorieren, muss der Fineliner **wasserfest** sein.

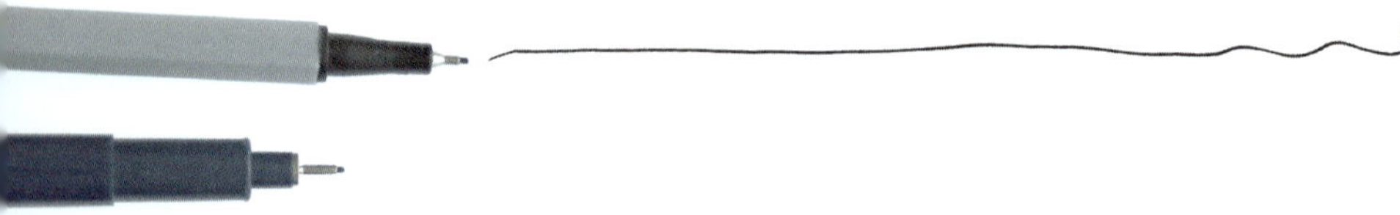

Kräftigere **Konturen** zeichnest du mit schwarzem **Filzstift**. Aber pass auf: Filzstifte sind oft nicht wasserfest.

Für alles **Grobe**: Dicke Striche machst du mit einem dicken **Filzstift** oder **Marker**.

Um dein Lettering zu **kolorieren**, kannst du **Buntstifte**, **Filzstifte** oder **Wasserfarben** verwenden.

Zum **Konstruieren** von Buchstaben aber auch zum **Vorzeichnen** von Hilfslinien benötigst du ein **Lineal**, einen **Zirkel** und ein **Geodreieck**.

## Das richtige Papier

**Karo- und Kopierpapier** zum Konstruieren und Skizzieren, **Zeichenkarton** für Filz- und Bunstiftbilder, **Aquarellpapier** für alles mit Wasserfarben.

Auch ein **Skizzenheft** im Taschenformat ist nützlich.

Wo immer du einen tollen Spruch oder eine gute Idee für schöne Buchstaben findest, kannst du sie in dein Skizzenheft schreiben oder zeichnen. So geht dir keine Idee verloren.

# Von der Hand- zur Kunstschrift

Auch gezeichnete und gemalte Lettering-Buchstaben haben viel mit deiner Handschrift gemeinsam. Manch einer schreibt beispielsweise oft alles etwas runder oder schmaler – oder die Buchstaben neigen sich nach links oder rechts.

Die Buchstabenformen der Schulschriften sind neutral gestaltet. Sie sind den Grundschriften auf Seite 14 und 18 sehr ähnlich. Wie diese sind sie die Grundlage für eigene Schriften.

*Das ist ein Beispiel.*

Die Schulgrundschrift hat Ähnlichkeit mit den Druckbuchstaben auf Seite 18.

*Das ist ein Beispiel.*

Die Vereinfachte Ausgangsschrift sieht ein bisschen wie die Schreibschrift auf Seite 14 aus.

## Der Apfel fällt nicht weit vom Stamm

Wenn deine Handschrift stabil ist, ist es auch deine Letteringschrift. Und umgekehrt gilt das Gleiche: Wenn du Letteringschriften übst (vor allem die Grundschriften), wird auch deine Handschrift schöner.

*Beispiel* → **Beispiel** **Beispiel** → *Beispiel*

## Buchstaben zeichnen in 5 Schritten am Beispiel des Kaktus-Alphabets

Damit dein Lettering wirklich so aussieht, wie du es dir vorgestellt hast, solltest du dir Zeit fürs Entwerfen, Zeichnen und Kolorieren nehmen.

**1** Mit Bleistift vorzeichnen.

**2** Nachzeichnen und trocknen lassen.

**3** Vorsichtig radieren.

**4** Zusätzliche Details zeichnen.

**5** Kolorieren.

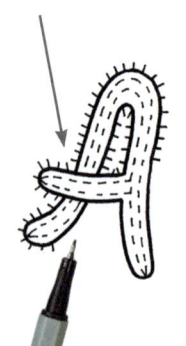

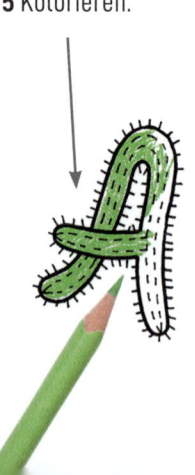

# Stammbaum der Alphabete

Dieser Stammbaum zeigt dir die Schriften in diesem Buch und wie sie miteinander verwandt sind.

Eine Kombination aus der kantigen und runden Grundschrift.

13

# Schreibschrift

Die Schreibschrift ist der vereinfachten Ausgangsschrift sehr ähnlich – nur viel schöner. Die einzelnen Buchstaben eines Wortes werden verbunden geschrieben.

**Du brauchst:** Bleistift, dicker Filzstift, Fineliner

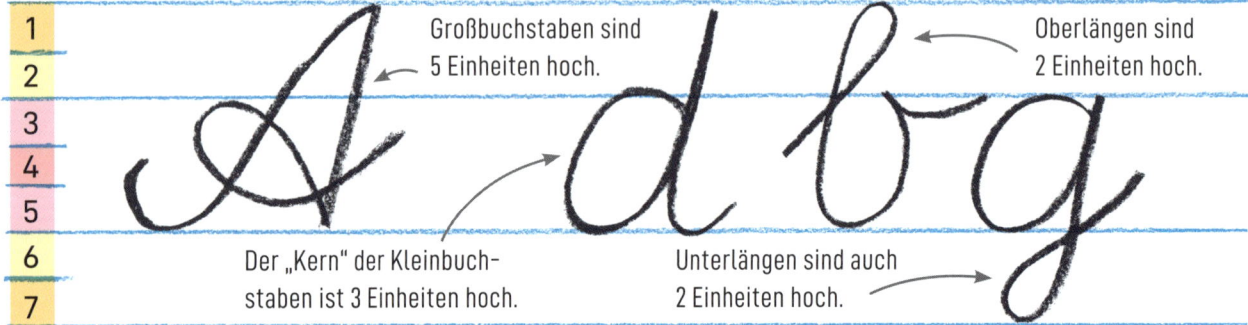

Großbuchstaben sind 5 Einheiten hoch.

Oberlängen sind 2 Einheiten hoch.

Der „Kern" der Kleinbuchstaben ist 3 Einheiten hoch.

Unterlängen sind auch 2 Einheiten hoch.

## Tipps fürs Schreiben

Die Buchstaben sehen besser aus, wenn die Striche sorgfältig, langsam und in der richtigen Reihenfolge geschrieben werden.

Dicke senkrechte und dünne waagerechte Linien machen die Buchstaben eleganter.

Du kannst die Buchstaben auch wie eine Schnur (oder Zahnpastawurst) zeichnen.

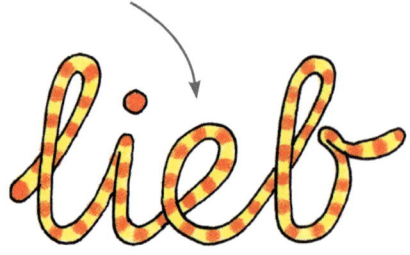

Schreibe die Buchstaben mit einem dicken Filzstift und umrande sie dann mit einem Fineliner.

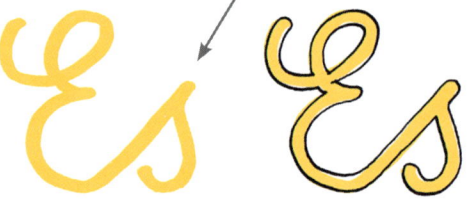

Versuche einmal, die Buchstaben mit einem breiten Textmarker zu schreiben.

Für **r** und **z** gibt es zwei **verschiedene Formen**. Die Formen auf der rechten Seite sind nicht falsch, aber altmodisch (und ganz hübsch).

Aa Bb Cc Dd

Ee Ff Gg Hh

Ii Jj Kk Ll

Mm Nn Oo Pp

Qq Rr Ss ß

Tt Uu Vv Ww

Xx Yy Zz

# Nachzeichnen und üben

Zeichne die Linien nach. Umrande den Buchstaben.

Bei den beiden letzten Buchstaben malst du um die Linien herum.

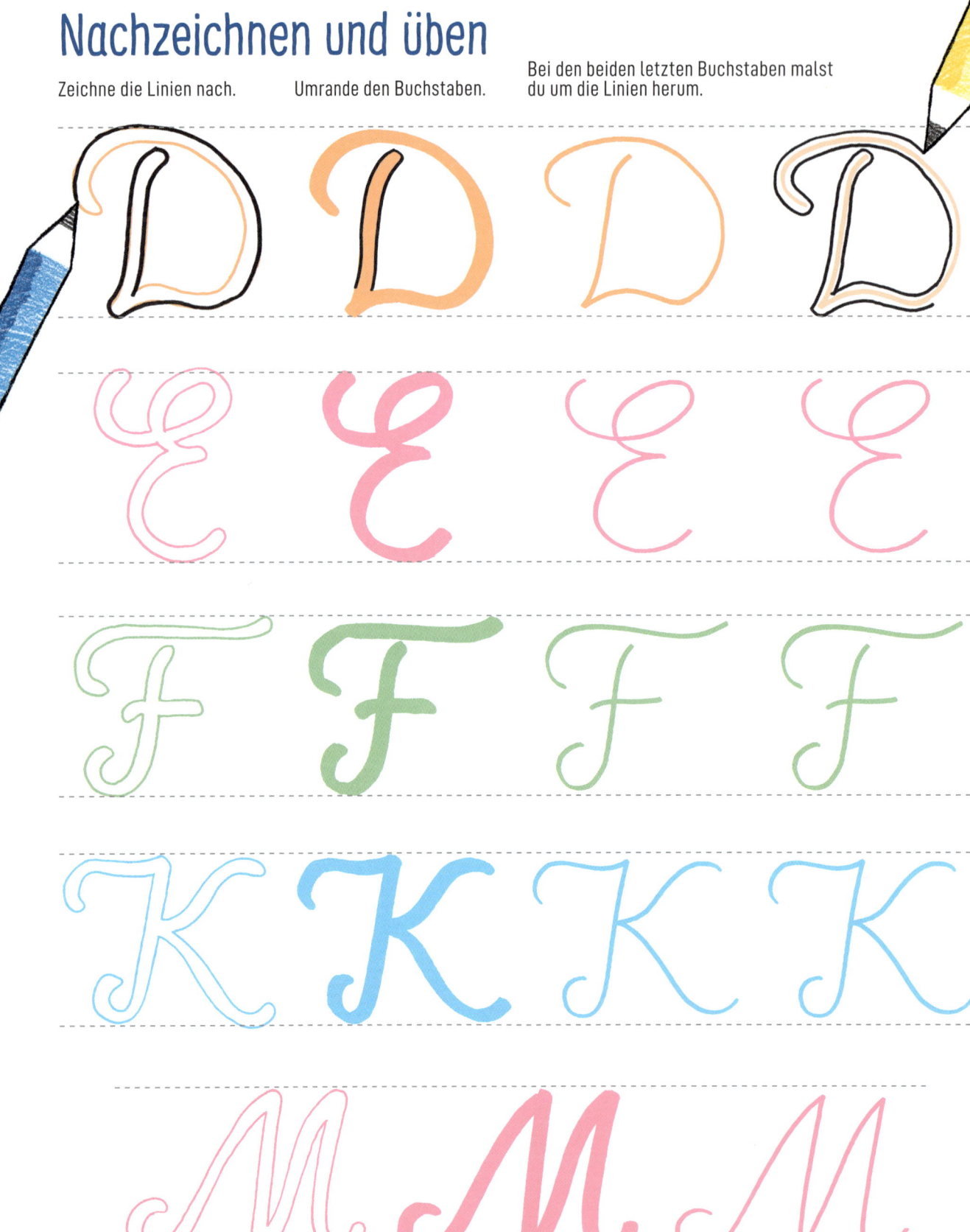

y y y y

g g g g

k k k k

m m m m

ß ß ß ß

# Druckbuchstaben

Die Druckschrift ist wahrscheinlich am einfachsten zu schreiben. Doch damit sie richtig schön aussieht, solltest du sie sehr sorgfältig schreiben. Dabei hilft ein Raster.

**Du brauchst:** Bleistift, Filzstifte, Fineliner

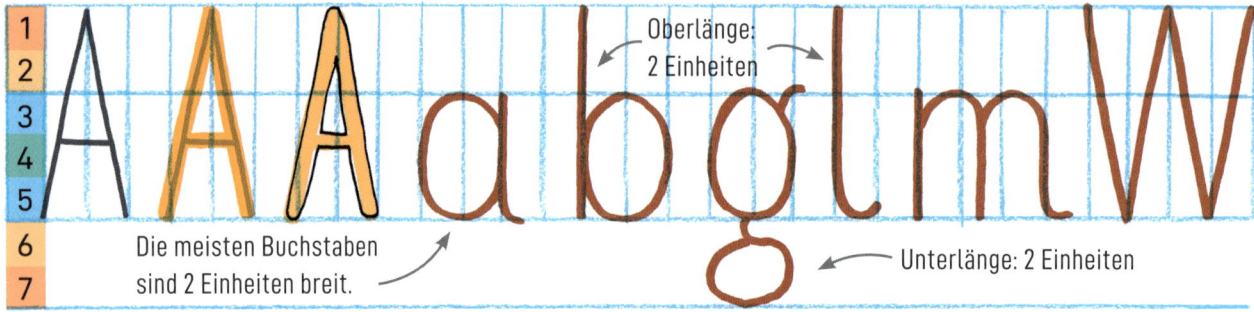

Oberlänge: 2 Einheiten

Die meisten Buchstaben sind 2 Einheiten breit.

Unterlänge: 2 Einheiten

## Keine Schulschrift:

Schulschrift (links) und Druckschrift (rechts) haben deutliche Unterschiede.

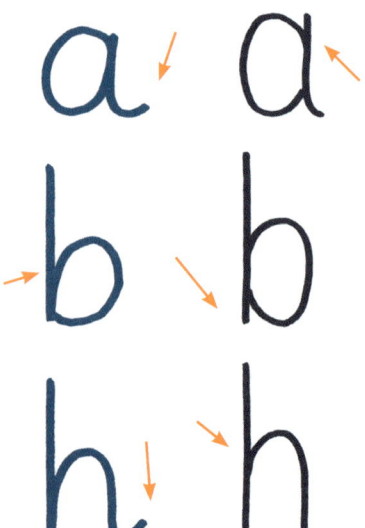

Die Buchstaben a und g können zwei Formen haben:

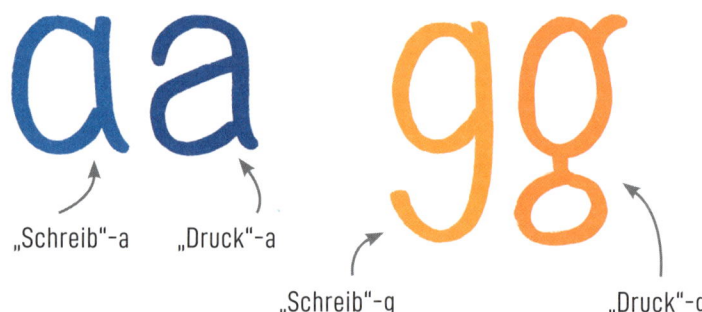

„Schreib"-a  „Druck"-a  „Schreib"-g  „Druck"-g

Die Großbuchstaben A, M und W haben auch „runde" Varianten.

Die Schrift lässt sich sehr leicht schmaler oder weiter zeichnen:

A A a a B b C c D d

E e F f G g H h I i

J j K k L l M m

N n O o P p Q q R r

S s ß T t U u V v

W w X x Y y Z z

1 2 3 4 5 6 7 8 9

# Nachzeichnen und üben

Zeichne die Linien nach.

Umrande den Buchstaben.

Hier malst du um die Linien herum.

B B B

G G G

K K K

Q Q Q

M M M

S S S

Y Y Y

a a a d d d

e e e g g g

m m m

k k k r r r

s s s u u u

# „Kantige" Grundschrift

Diese Schrift wird manchmal auch Plakatschrift genannt, weil sie klare und deutliche Formen besitzt. Sie lässt sich leicht aus geraden Linien und Kreisbögen konstruieren.

**Du brauchst:** Bleistift, Buntstifte

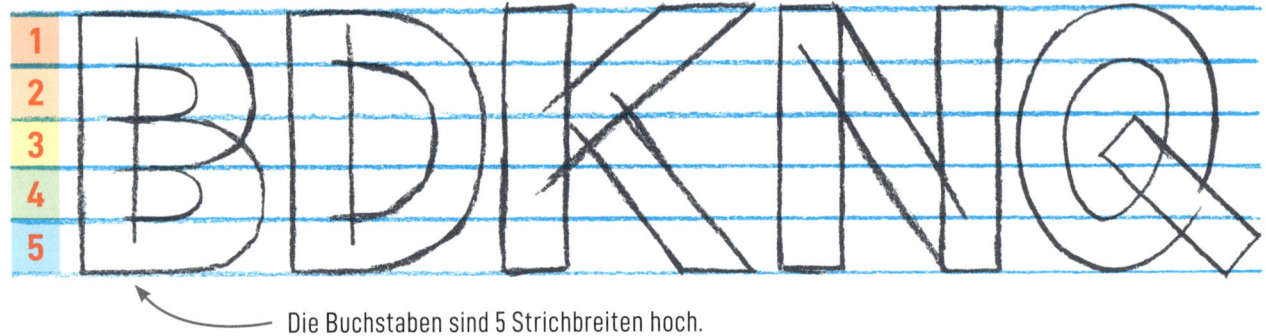

Die Buchstaben sind 5 Strichbreiten hoch.

Schräge Buchstaben, die ein bisschen lustiger aussehen, lassen sich ganz leicht konstruieren:

Alle geraden Linien leicht schräg zeichnen.

Runde Linien leicht neben der eigentlichen Position zeichnen.

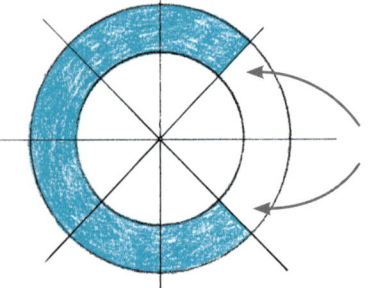

Bei den Buchstaben C, G und J mit ihren „offenen" Rundungen sollten die Enden der Linien auf dem Kreisradius liegen.

Wenn du **Kleinbuchstaben** brauchst, verdopple einfach die Druckbuchstaben (S. 18). Achte darauf, dass die Enden gerade sind.

ABCDEF
GHIJKL
MNOPQ
RSTUV
WXYZ12
3456789

# Runde Grundschrift

Die Formen dieser Schrift ähneln denen der kantigen Grundschrift von Seite 22. Allerdings sind alle Ecken abgerundet, dadurch wirkt die Schrift viel weicher.

**Du brauchst:** Bleistift, Pinsel, Wasserfarben

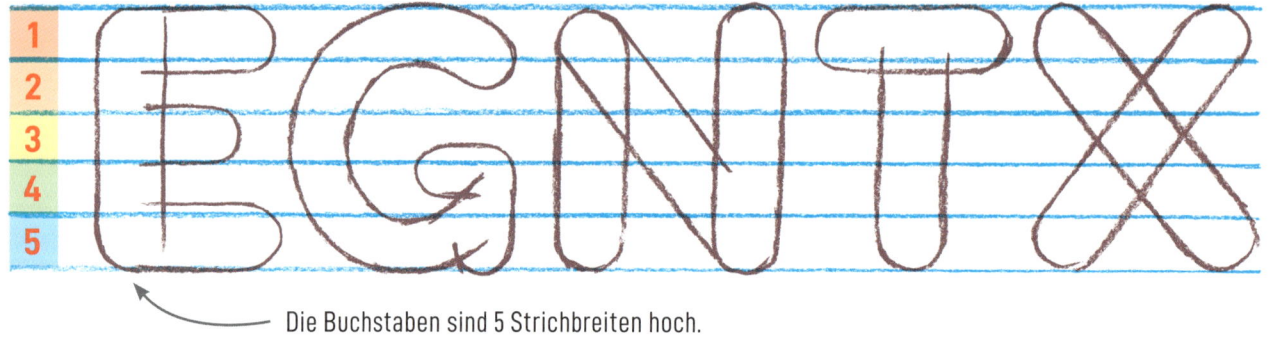

Die Buchstaben sind 5 Strichbreiten hoch.

Kleinbuchstaben lassen sich ganz einfach durch Verdopplung der Druckbuchstaben von Seite 18 herstellen:

Die Großbuchstaben der Druckschrift und der runden Grundschrift unterscheiden sich in den Proportionen.

## Runde Buchstaben aufblasen: Die Bubbleschrift

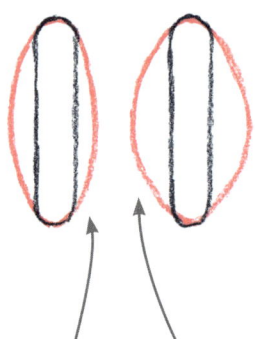

Die Seiten der runden Grundschrift mehr oder weniger „aufblasen".

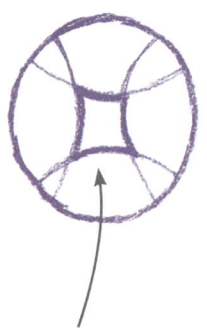

Auch die Löcher in den Buchstaben verändern sich durch das „Aufblasen".

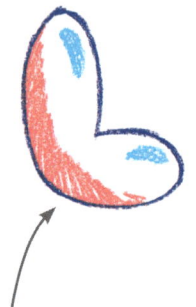

Schatten und Lichter machen die Bubble-Buchstaben plastischer.

Um einen schönen Farbverlauf hinzubekommen, musst du erst den Buchstaben mit klarem Wasser „ausmalen". Dann kannst du die Farben hinzufügen.

24

A B C D E F
G H I J K L
M N O P Q
R S T U V
W X Y Z 1 2
3 4 5 6 7 8 9

# Eckig zu rund – und zurück

Eckig oder rund – eine Form ist vorgegeben. Zeichne die jeweils andere Form neben den entsprechenden Buchstaben.

Zeichne die Linien nach.

Hier malst du rund oder eckig um die Linien herum.

# Grundschrift mit Serifen

Serifen nennt man die kleinen Füßchen an den Enden der Striche. Weil sich die einzelnen Buchstabenformen stark unterscheiden, kann man die Schrift gut lesen.

**Du brauchst:** Bleistift, Filzstifte, Fineliner, Buntstifte

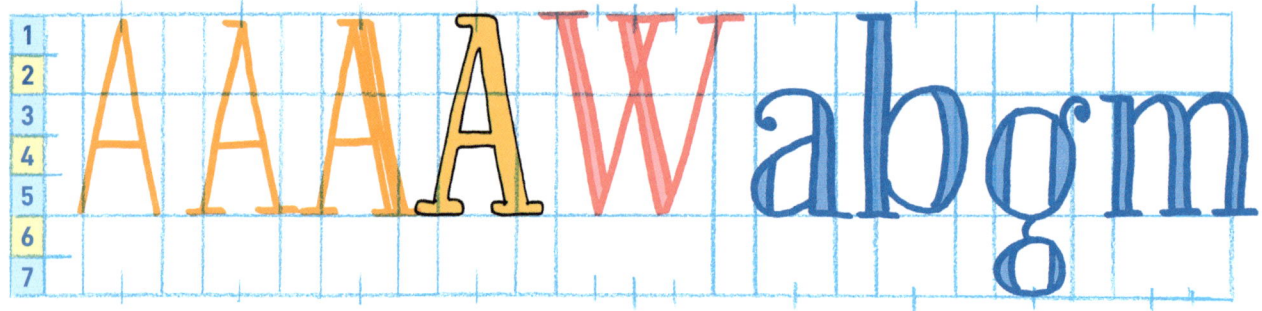

Die Buchstaben haben dieselbe Einheitenaufteilung wie die Druckschrift auf Seite 18.

Die Buchstaben a, c, f, g, j, r, ß und y haben runde **Tropfenserifen**.

Serifen können unterschiedliche Formen haben:

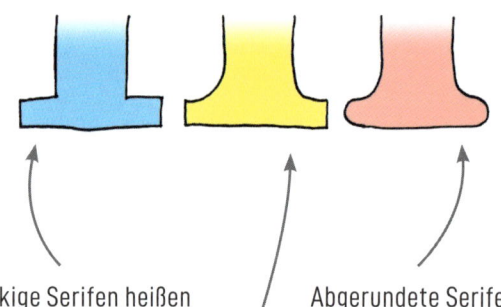

Eckige Serifen heißen auch Blockserifen.

Abgerundete Serifen.

## Serifen mit Wirkung

Form und Größe der Serifen prägen auch den Charakter einen Schrift.

BLCK

Kräftige Blockserifen machen die Buchstaben robust und kräftig.

„Normale" Serifen, wie sie auch die meisten Buch- oder Zeitungsschriften haben.

Elgnt

Feine, dünne Serifen machen eine Schrift elegant.

Diese Formen von a und g siehst du vor allem in Büchern, Zeitschriften und Zeitungen.

Aa Bb Cc Dd Ee
Ff Gg Hh Ii Jj
Kk Ll Mm Nn
Oo Pp Qq Rr
Ss ß Tt Uu Vv
Ww Xx Yy Zz
1 2 3 4 5 6 7 8 9

# Nachzeichnen und üben

Zeichne die Linien nach.

Hier malst du um die Linien herum.

A A A A E E E

G G G N N N

R R R Z Z Z

W W W W

a a a e e e

g g g j j j

k k k l l l

r r r s s s

w w w

# Mit Grundschriften zaubern

Schon mit ein paar Extras und „Styles" kannst du eine einfache Grundschrift in viele verschiedene Schriften verwandeln. Das geht ganz leicht – du brauchst nicht mal ein komplettes ABC als Vorlage. Auf dieser Seite findest du bereits ziemlich viele Vorschläge. Dir fallen aber ganz bestimmt auch selbst noch ein paar Ideen ein.

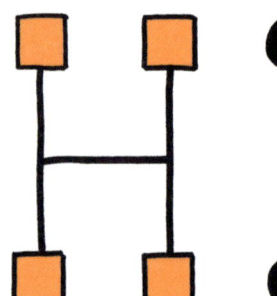 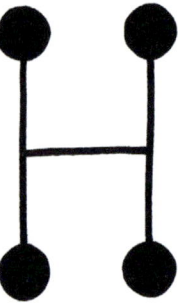 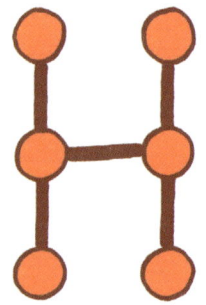 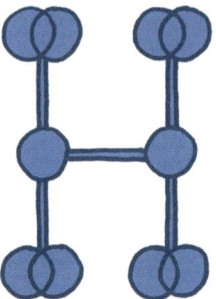 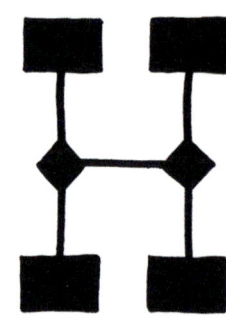

Setze Vierecke oder Punkte an die Enden der Striche.

Setze Punkte auch an die Kreuzungen.

Mach die Betonungen an den Strichenden breiter als an den Kreuzungen.

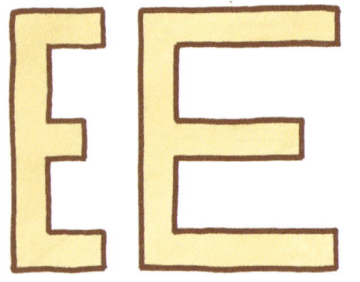 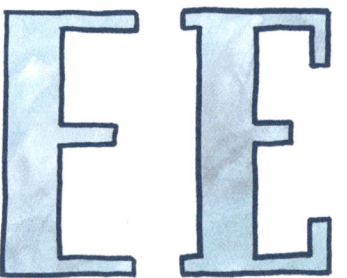 

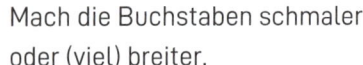

Mach die Buchstaben schmaler oder (viel) breiter.

Mach nur die senkrechten Linien breiter.

Umrunde die Buchstaben oder ganze Wörter mit Farbflächen.

Mach deine Buchstaben bunt! Fülle die Buchstaben mit Farben, Farbverläufen, Streifen, Karos, Schraffuren, Punkten und was dir sonst noch so einfällt.

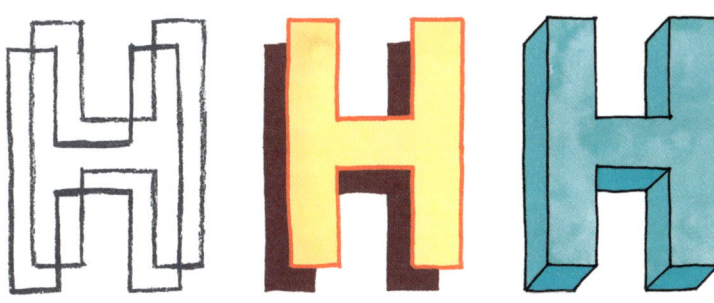

Zeichnest du einen Buchstaben zweimal und leicht versetzt, bekommst du einen Schatten oder einen 3D-Effekt.

Zeichne den Buchstaben dreimal, so bekommst du den 3D-Effekt plus Schatten.

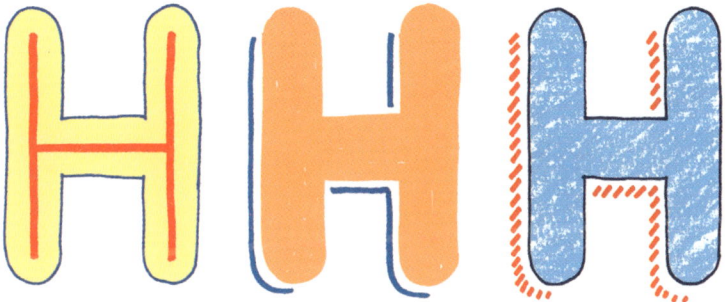

Setze einfach nur eine Linie in den Buchstaben.

Deute den Schatten am Buchstaben nur durch Linien an.

Setze Punkte (oder Linien aus Punkten) in oder an die Buchstaben.

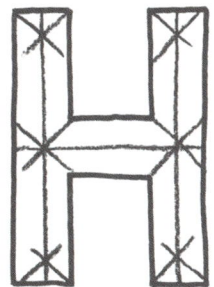

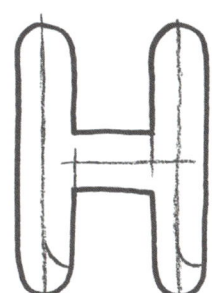

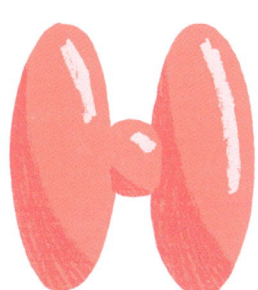

Mach die Buchstaben plastisch und zeichne einen Schatten ein. Dabei musst du aufpassen, dass das Licht immer von der gleichen Seite einfällt.

Bei Bubble-Schriften kannst du weiße Lichter hinzufügen.

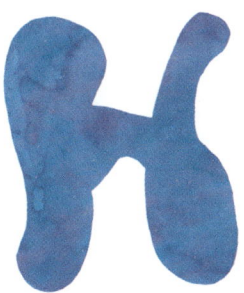

Werde etwas mutiger: Zeichne Wolkenbuchstaben oder eine wabbelige Blob-Schrift.

Setze die Buchstaben aus Punkten oder Blumen zusammen.

Male Tropfen an die Buchstaben.

# Prinzessinnen-ABC

Schnörkelige Serifenbuchstaben, kleine Rosen und märchenhafte Krönchen obendrauf – fertig ist das Prinzessinnen-Alphabet! Damit kannst du königliche Schilder und Verlautbarungen gestalten.

**Du brauchst:** Bleistift, Filzstift, Fineliner und Buntstifte

## Längere Prinzessinnentexte schreiben

Die verschnörkelten Buchstaben des Prinzessinnen-ABCs eignen sich nicht so gut für längere Texte. Du solltest sie darum mit Kleinbuchstaben aus anderen Schriften kombinieren.

Die Schreibschrift von Seite 14 eignet sich gut zum Kombinieren. Mach dafür die senkrechten Linien etwas kräftiger.

Innerhalb eines Worts verwendest du Serifenbuchstaben, bei denen ebenfalls die senkrechten Striche dicker sind.

Du kannst auch anderen Buchstaben ein **Krönchen** aufsetzen:

Die Enden der Buchstaben sollten schnörkelig oder geschwungen sein.

# Konstruktion und Zeichentipps

Je nachdem, wie breit der Buchstabe ist, setzt du ihm eine kleine oder große Krone auf.

Die Tropfenserifen werden „eingerollt".

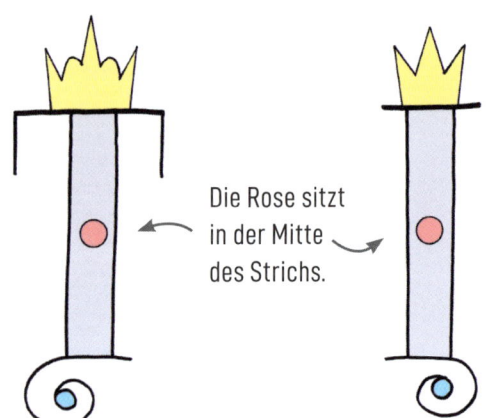

Die Rose sitzt in der Mitte des Strichs.

Den Farbverlauf machst du in zwei Schritten: erst oben, dann unten. Anschließend kannst du den Übergang noch mit dem Finger verwischen.

# Nachzeichnen, üben und loslegen

Zeichne alle Linien nach.      Male die fehlenden Elemente des Buchstabens dazu.

N N N N

Q Q Q Q

R R R R

Schreibe den Namen des Königreiches, in dem du gerne Prinz oder Prinzessin wärst!

# Feenflügel-Alphabet

Das Feen-ABC besitzt verspielte Buchstabenformen und zarte Flügel. Bei längeren Wörtern muss nicht unbedingt jeder Buchstabe geflügelt sein.

**Du brauchst:** Bleistift, Buntstifte

*Ich wohne im*

**ZAUBER WALD**

*der Phantasie*

## Geflügelte Buchstaben

Die Feenschrift lässt sich gut mit der Schreibschrift von Seite 14 kombinieren. Schreibe zarte Buchstaben, bei denen nur die Senkrechten dicker sind.

Setze kleine Tropfen-serifen an die Enden der Buchstaben.

Wenn du gerne zeichnest, kannst du auch „echte" Schmetterlingsflügel an die Buchstaben setzen.

Schmale Buchstaben passen noch besser zur Feenschrift.

# Konstruktion und Zeichentipps

Die Feenflügel-Buchstaben sind „kopflastig",
das heißt, dass die Mitte der Buchstaben nach
unten verschoben ist.

Die Flügel werden rechts und links
an die breiteste Stelle gesetzt.

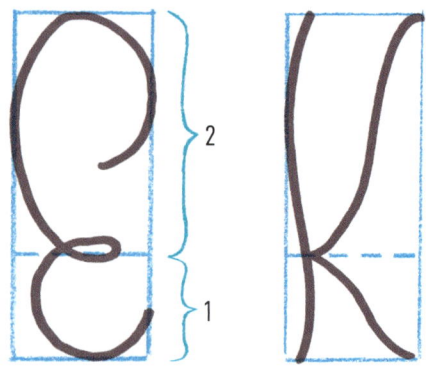

Der obere Teil der Buchstaben ist
etwa doppelt so hoch wie der untere.

Du kannst die „ein-
gerollten" Tropfen-
serifen auch noch
größer machen.

# Nachzeichnen, üben und loslegen

Zeichne alle Linien nach.

Male die fehlenden Elemente des Buchstabens dazu.

Hättest du gern eine Fee zur Freundin? Dann schreibe einfach ihren Namen auf!

# Einhorn-Alphabet

Das Einhorn-Alphabet basiert auf den runden Grundbuchstaben von Seite 24. Die Buchstaben stehen auf halbkreisförmigen Hufen und besitzen auch Einhornkopf und -schweif. Du kannst die Einhorn-Buchstaben auch gut mit der Schreibschrift von Seite 14 kombinieren.

**Du brauchst:** Bleistift, Fineliner, Buntstifte

## Zeichne deine eigenen Einhörner!

Du kannst den Einhörnern verschiedene Charaktere geben, indem du ein paar Details veränderst.

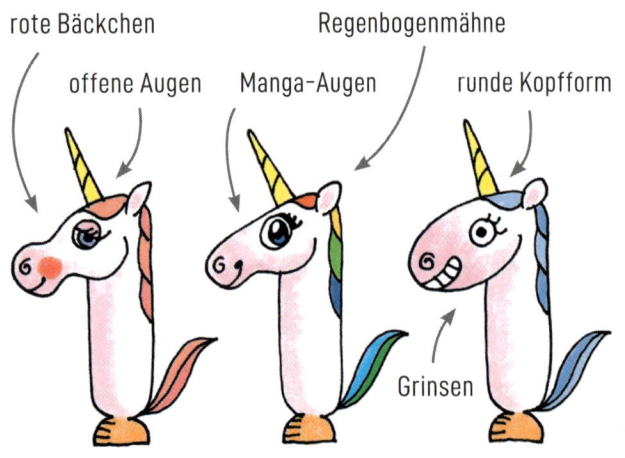

rote Bäckchen

offene Augen

Regenbogenmähne

Manga-Augen

runde Kopfform

Grinsen

Du kannst auch **Kleinbuchstaben** im Einhornlook gestalten: Nimm die Schreibschrift von Seite 14 und zeichne die Buchstaben mit einem deutlichen Aufstrich. Mit Nüstern, Mund, Auge und Horn verwandelst du den Aufstrich dann in einen Einhornkopf.

Aufstrich

# Konstruktion und Zeichentipps

Du kannst den Kopf auch so anbringen, wie du es für dein Bild brauchst.

Die Mähne liegt in der Form des Buchstabens, sie ragt nicht über die Umrisslinie hinaus.

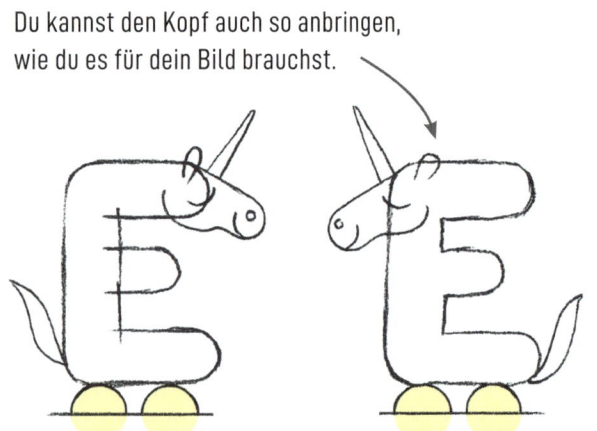

Die Schatten sitzen immer nur links und unten.

Wo du bei welchem Buchstaben den Kopf am besten hinsetzen kannst, siehst du auf Seite 43.

Damit die Einhornbuchstaben so marshmallow-weich aussehen, musst du sie zartrosa schattieren.

# Nachzeichnen, üben und loslegen

Zeichne alle Linien nach.　　Male die fehlenden Elemente des Buchstabens dazu.

Hier ist Platz für den Namen deines Lieblingseinhorns — natürlich in Einhornschrift!

# Kuchen-Alphabet

Das Kuchen-Alphabet basiert auch auf den runden Grundbuchstaben von Seite 24. Es besteht aus Donuts mit zwei verschiedenen Glasuren, Schokotorte, Muffins und Cupcakes.

**Du brauchst:** Bleistift, Filzstift, Fineliner, Buntstifte, weißer Buntstift

## Lecker schreiben

Kommt ein Buchstabe öfter vor, probiere, ob du ihn abwechslungsreich gestalten kannst. Das macht die Schrift interessanter.

Die Punkte für Ä, Ö und Ü machst du aus Cupcakes.

Erfinde weitere Glasuren wie z. B. eine Vanilleglasur.

Für längere Wörter kannst du die Kuchenbuchstaben mit dicken **Kleinbuchstaben** aus der Grundschrift von Seite 18 kombinieren.

Die Kleinbuchstaben haben die Farbe des „Teigs".

So machst du die Grundschrift dicker.

# Konstruktion und Zeichentipps

So zeichnest du Muffins, Cupcakes und Tortenstücke:

Der Zuckerguss liegt wie ein Schatten auf dem Buchstaben. Das ergibt einen 3D-Effekt.

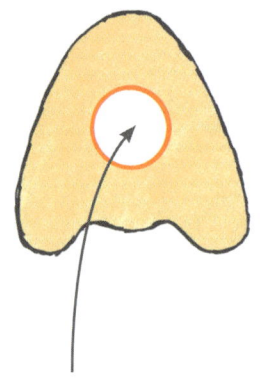

Alle Donut-Buchstaben haben kreisrunde Löcher.

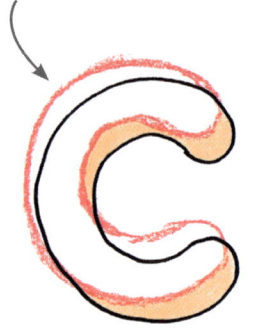

Zeichne erst die bunten Streusel und fülle anschließend die Fläche aus.

## Nachzeichnen, üben und loslegen

Zeichne alle Linien nach.

Verpasse den Buchstaben Zuckerguss und Streusel.

Hier kannst du deine eigene Glasurkreation ausprobieren.

Schreibe das Süßeste auf, was dir einfällt ... natürlich in Kuchenschrift!

# Flamingo-Alphabet

Für das Flamingo-ABC zeichnest du zuerst eine Bubble
schrift (s. S. 24). Dann setzt du Kopf, Hals, Schwanzfedern und
Beine daran. Und natürlich sind die Flamingos schön rosa.

**Du brauchst:** Bleistift, Filzstift,
Fineliner, Buntstifte

## Flamingoschrift schreiben

Wörter aus Flamingobuchstaben sehen toll aus – wie ein Schwarm.
Längere Wörter kannst du teilweise auch mit Bubbleschrift schreiben.

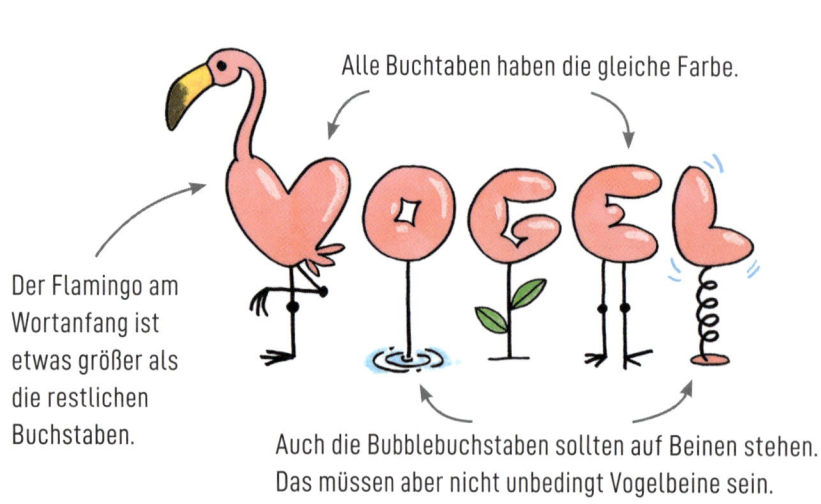

Alle Buchtaben haben die gleiche Farbe.

Der Flamingo am
Wortanfang ist
etwas größer als
die restlichen
Buchstaben.

Auch die Bubblebuchstaben sollten auf Beinen stehen.
Das müssen aber nicht unbedingt Vogelbeine sein.

Setze die Reflexe so, dass
das Licht immer aus der-
selben Richtung kommt.

# Konstruktion und Zeichentipps

Der Bubblebuchstabe ist möglichst rund und kompakt.

Buchstabe und Beine sind etwa gleich hoch.

Das Knie sitzt in der Mitte des Beins.

kreisrunder Kopf

schlangenförmiger Hals

drei Schwanzfedern

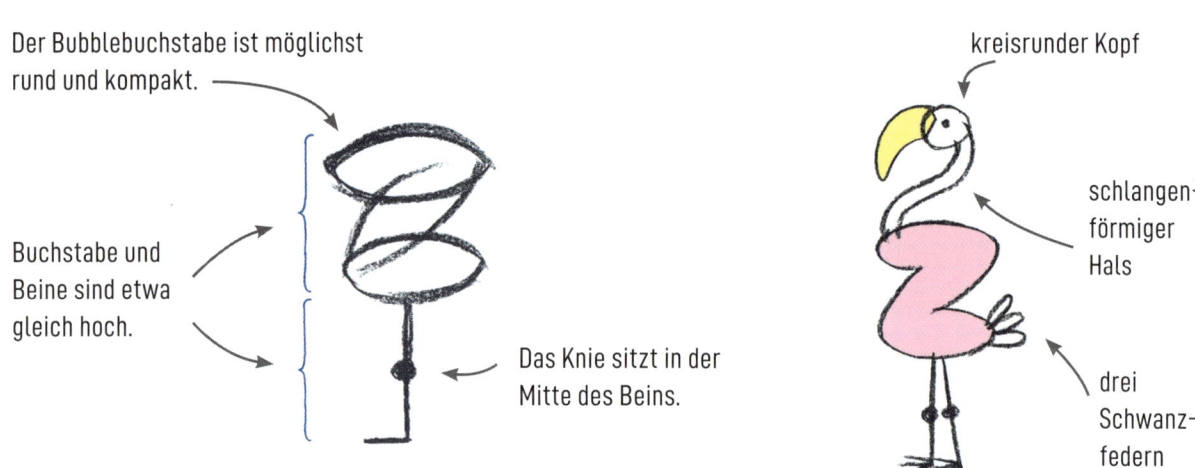

# Nachzeichnen, üben und loslegen

Zeichne alle Linien nach.     Male die fehlenden Elemente des Buchstabens dazu.

Zeit für Ferien! Schreibe den Namen deines liebsten Urlaubsortes in Flamingoschrift.

# Schafe-Alphabet

Aus einer wolkigen Bubbleschrift kannst du ganz leicht eine traumhafte Schafeschrift machen. Du musst bloß Köpfe und Beine hinzuzeichnen.

**Du brauchst:** Bleistift, Filzstift, Fineliner, Buntstifte

## Kein Schaf ist wie das andere

Je nachdem, was du schreiben möchtest, kannst du allein durch die verwendeten Farben ganz unterschiedliche Schafe erschaffen.

Satzzeichen machst du aus Wolken (oder Fellknäueln).

Irisches Wollschaf

Himmelblaues Wolkenschaf

Rosa Traumschaf

# Konstruktion und Zeichentipps

Das Schafe-ABC besteht aus wolligen Buchstaben, einem Kopf und vier geraden Beinen.

Du kannst den Kopf auch einfach dahin setzen, wo er am wenigsten stört.

Beim Grasen sind die Augen geschlossen.

Löcher in den Buchstaben so zeichnen.

... und nicht wie hier.

Die Beine sind so lang wie der Kopf.

# Nachzeichnen, üben und loslegen

Zeichne alle Linien nach.

Male die fehlenden Elemente des Buchstabens dazu.

MMMM

OOOO

XXXX

Wolle, Watte, wunderbar: Schreibe ein richtig kuschliges Wort in Schafe-Schrift!

# Monster-Alphabet

Eine richtig gruselige Schrift kannst du ganz leicht zeichnen: Mach einfach aus jedem Buchstaben einen Monsterkopf mit vielen schiefen Zähnen im Maul!

**Du brauchst:** Bleistift, Fineliner, Filzstifte

## Buchstaben mit Gesicht

Je nachdem, was du mit den Monsterbuchstaben schreiben willst, kannst du ihnen verschiedene Gesichtsausdrücke geben:

**Grimmig:**
schmale Augen, Augenbrauen zusammengezogen.

**Freundlich:**
Mundwinkel nach oben und offene Augen.

**Doof:**
Mund weit offen, Augenlider halb geschlossen.

Probier mal aus, deine Monster auch unterschiedlich anzuziehen und zu frisieren:

Das Monstermädchen hat lange Wimpern.

Fellmonster haben buschige Augenbrauen…

… und manche einen Hut, Mütze oder Schal.

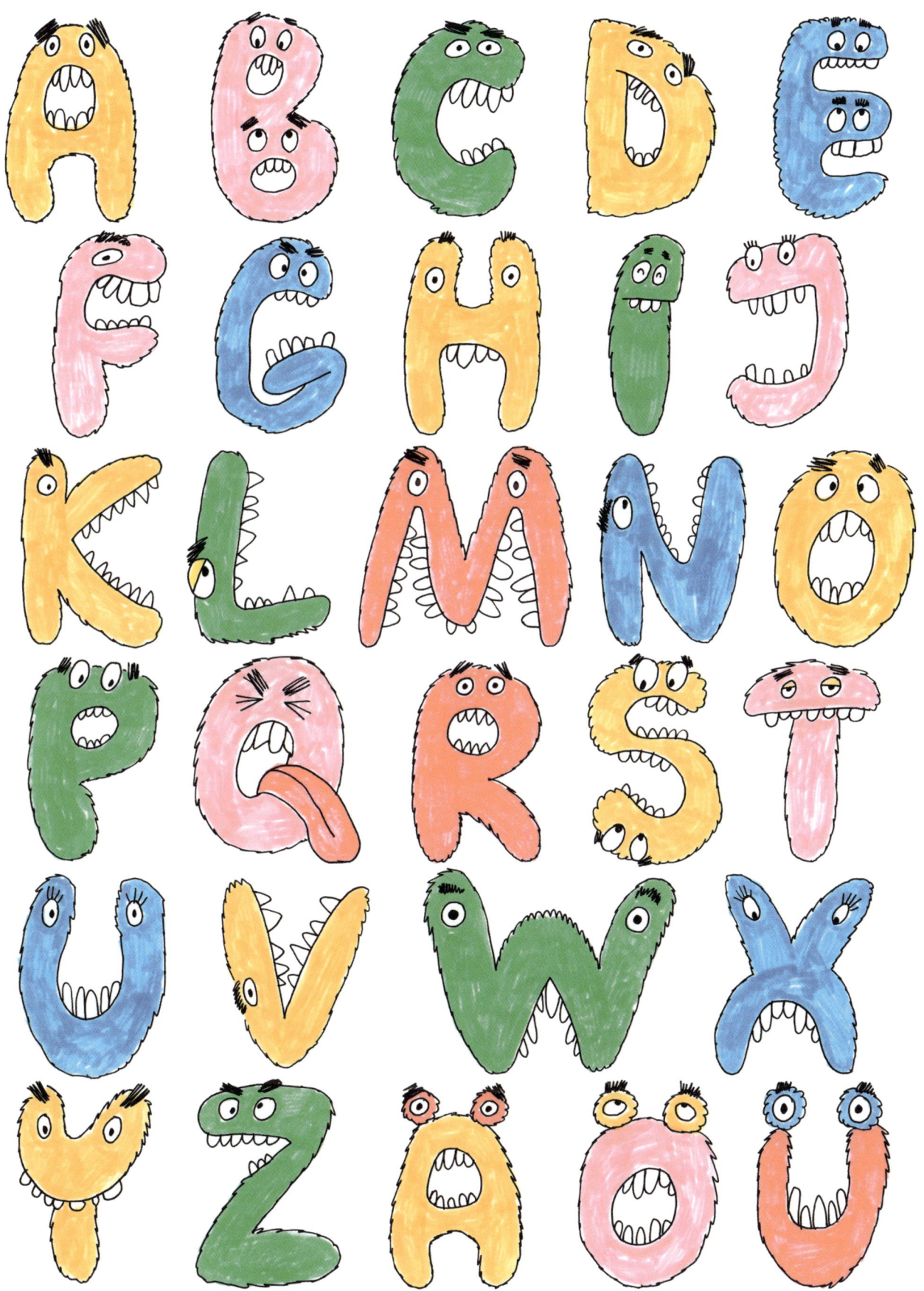

# Konstruktion und Zeichentipps

Die Grundform der Buchstaben leitet sich aus der runden Grundschrift ab.

Augen und Augenbrauen

Fellartige, gezackte Umrisslinie

Bei Ä, Ö und Ü sitzen die Augen als „Punkte" außen am Buchstaben.

Mund mit Zähnen

Alle Monsterbuchstaben haben ein einfaches Gesicht aus Augen und Mund.

# Nachzeichnen, üben und loslegen

Zeichne alle Linien nach.

Male die fehlenden Elemente des Buchstabens dazu.

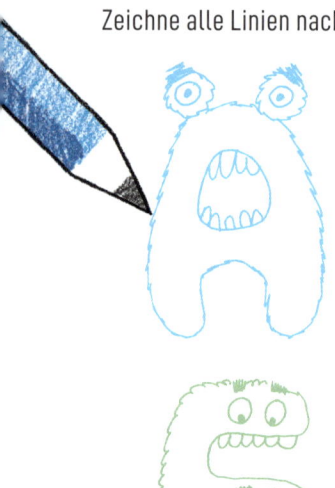

K K Ö O

Ö Ö Q Q

T T U Ü

Schreibe mit der Monsterschrift ein besonders gruseliges (oder witziges) Wort!

61

# Kaktus-Alphabet

Das Kaktus-ABC sieht besonders „echt" aus, wenn die Buchstaben aus dem Blumentopf herauszuwachsen scheinen. Darum sollten die „Löcher" bei Buchstaben wie B oder O durch sich überlappende Arme entstehen.

**Du brauchst:** Bleistift, Filzstift, Fineliner, Buntstifte

## Kaktuswörter schreiben

Die Kaktusbuchstaben lassen sich gut mit den Kleinbuchstaben der Grundschrift von Seite 18 kombinieren.

Kleinbuchstaben zu einer „Pflanze" verbinden.

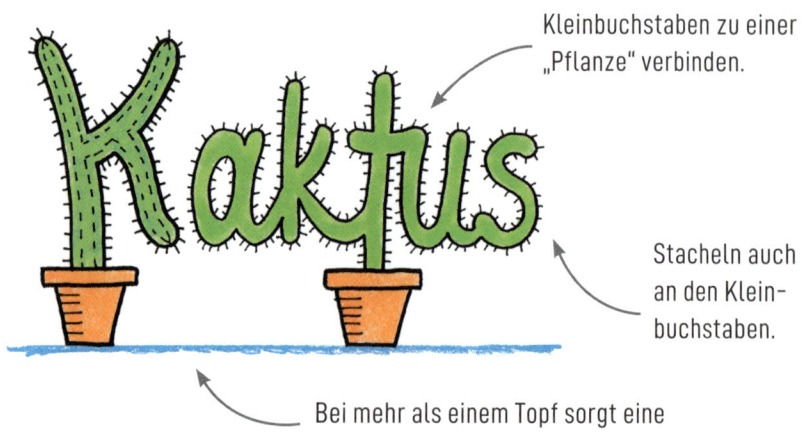

Stacheln auch an den Kleinbuchstaben.

Bei mehr als einem Topf sorgt eine Grundlinie für ein „stabiles" Bild.

Natürlich funktioniert das Kaktus-Alphabet auch ohne Blumentöpfe.

# Konstruktion und Zeichentipps

Es wächst immer nur ein „Fuß" aus dem Topf heraus.

Damit die Stacheln besonders fein wirken, zeichnest du die Umrisse der Buchstaben mit einem dickeren Filzstift.

Ab und zu kannst du eine Kaktusblüte hinzufügen.

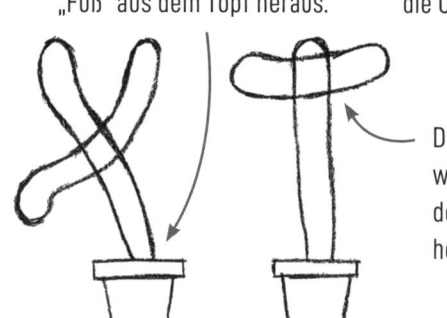

Die Arme wachsen aus dem Stamm heraus.

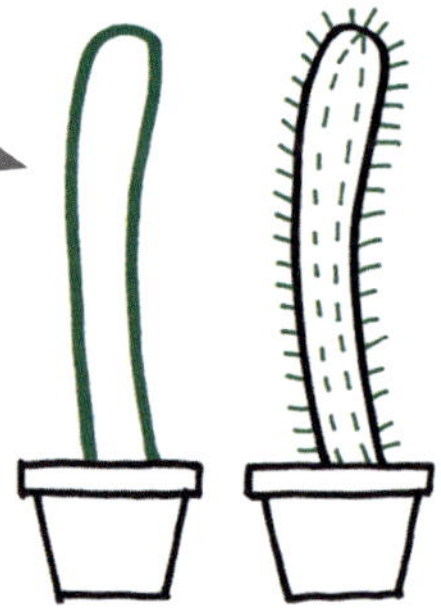

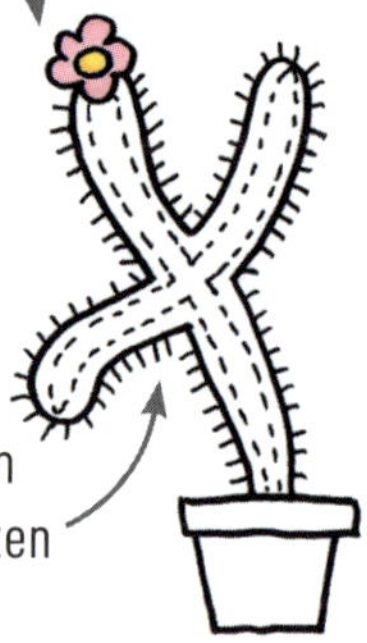

Die gestrichelten Linien überkreuzen sich nicht.

Die Buchstaben setzen sich aus Würsten zusammen, die in einem Blumentopf stecken.

Damit der Kaktus schön pieksig aussieht, musst du mit dem Fineliner viele dünne Stacheln zeichnen.

# Nachzeichnen, üben und loslegen

Zeichne alle Linien nach.

Male die fehlenden Elemente des Buchstabens dazu.

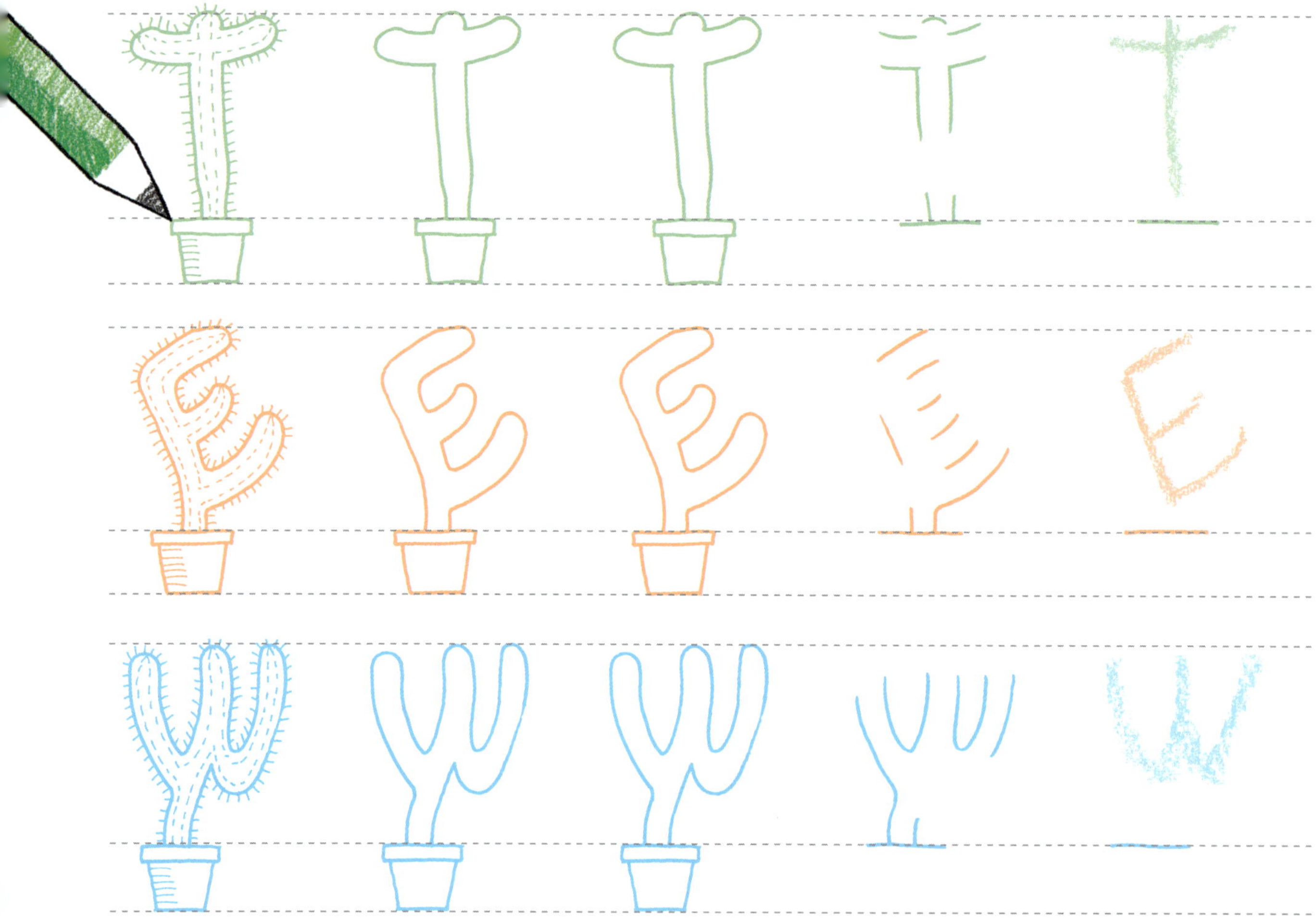

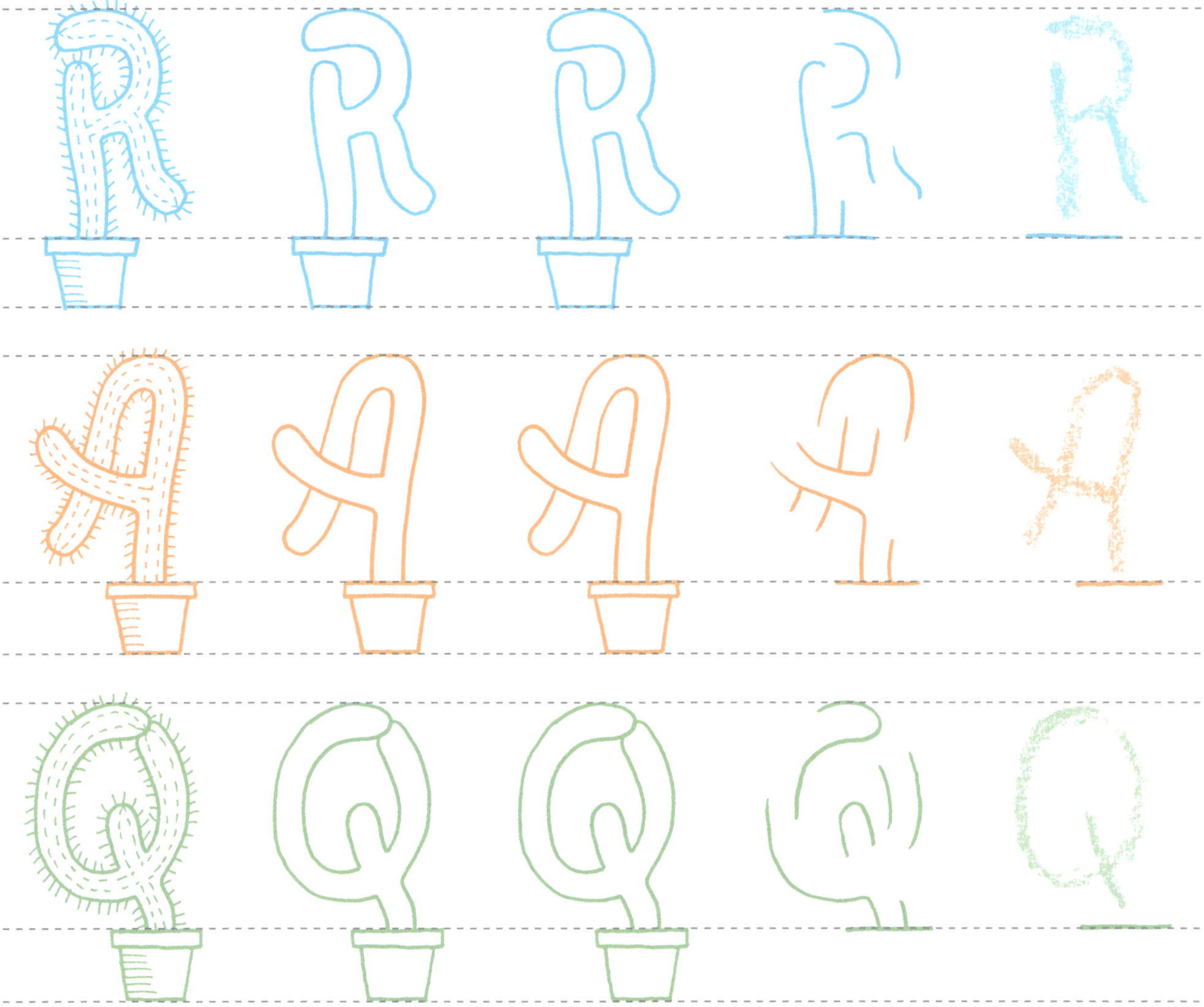

Erfinde einen Namen für die Wüste, in der die von dir gezüchteten Kakteen wachsen!
Den Namen der Wüste schreibst du natürlich mit deinen Kakteen (aber ohne Töpfe).

# Regenbogen-Alphabet

Die Regenbogenschrift besteht vor allem aus bunten Bögen und Kreisen. Mit den klaren Farben sieht sie immer sehr fröhlich und sonnig aus.

**Du brauchst:** Bleistift, Bunt- oder Filzstifte

## Die Farben des Regenbogens

Wenn die Buchstaben groß genug sind, kannst du auch mehr als drei Farben verwenden. Achte aber darauf, dass benachbarte Farben immer ineinander übergehen: Rot zu Orange, Orange zu Gelb, Gelb zu Grün und schließlich Grün zu Blau.

Ein Regenbogen beginnt außen immer mit der Farbe Rot.

Der innerste Bogen ist immer dunkelblau (oder violett).

Wenn du die Farben mischst, kannst du einen Regenbogen nur mit Rot, Gelb und Blau malen.

ABCDE
FGHIJK
LMNOP
QRSTU
VWXYZ

# Konstruktion und Zeichentipps

Die Grundform für die Regenbogenbuchstaben besteht aus zwei mal vier Kreisen mit den Durchmessern 3,3 cm, 2,7 cm, 2,1 cm und 1,5 cm.

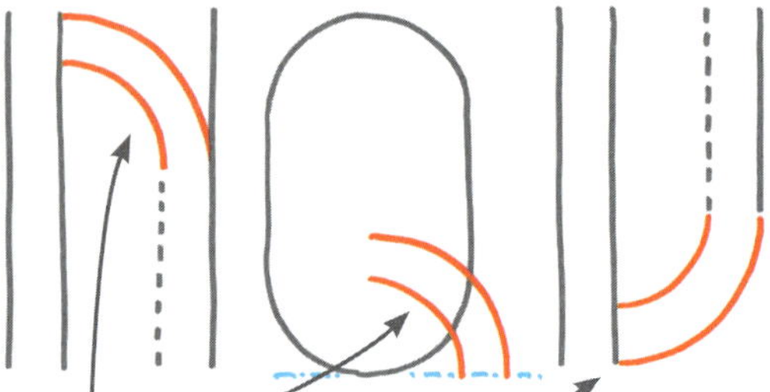

Der kleine Kreis beim Z hat 9 mm Durchmesser.

Die Kreise überschneiden sich wie bei einer 8.

Gerade Linien verbinden die Kreisabschnitte.

3,3 cm
2,7 cm
2,1 cm
1,5 cm

Verwende für N, Q und V Viertelkreise mit dem Durchmesser 2,4 cm und 1,5 cm.

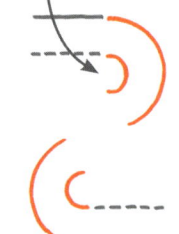

Die Kreise und die geraden Linien sind jeweils 3 mm voneinander entfernt.

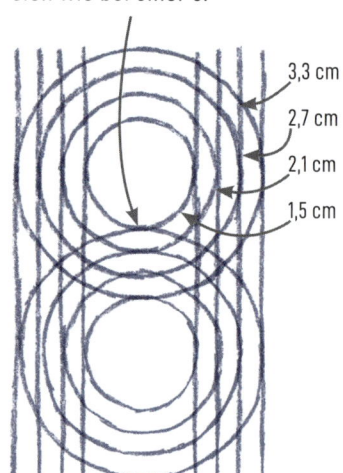

# Nachzeichnen, üben und loslegen

Fahre die Linien nach und male die Buchstaben in Regenbogenfarben an.

NOPQRS
TUVWXYZ

Jetzt darfst du endlich einmal **deinen** Namen schreiben — in Regenbogenschrift!

# Alphabet der Tiere

Du kannst aus wirklich allem einen Buchstaben machen. Hier habe ich mir selbst die Aufgabe gestellt, ein Alphabet aus lauter Tieren zu zeichnen, die aussehen wie ihr eigener Anfangsbuchstabe.

**Du brauchst:** Bleistift, wasserfester Fineliner, Pinsel, Wasserfarben, Buntstifte

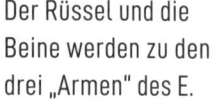

## Vom Buchstaben zum Tier zum Tierbuchstaben

Du kannst dir auch deine eigene Schrift mit deinen Lieblingstieren entwerfen. Beginne mit der Buchstabenform und zeichne dann einfach ein Tier darüber.

Der Rüssel und die Beine werden zu den drei „Armen" des E.

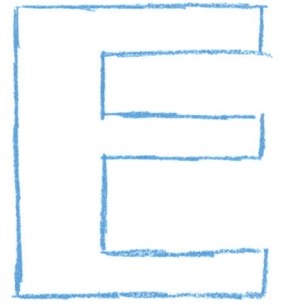
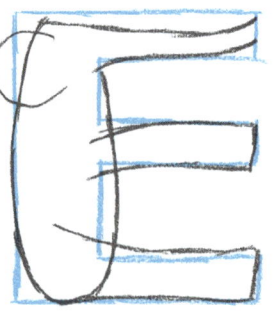

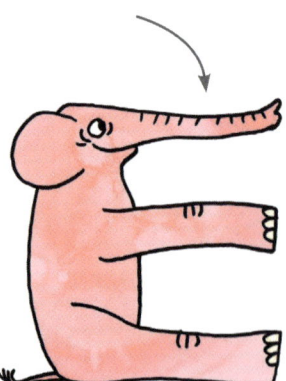

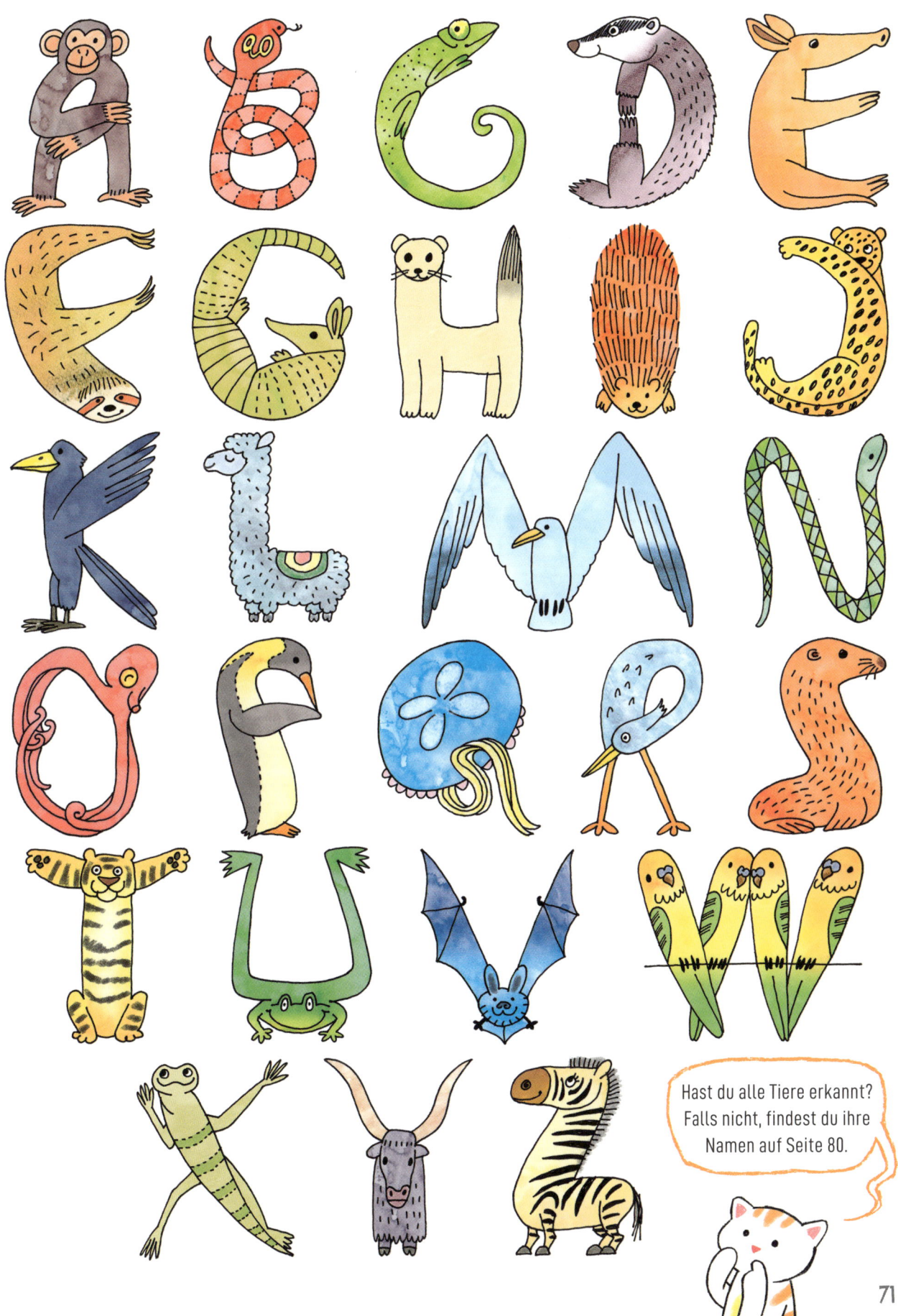

Hast du alle Tiere erkannt?
Falls nicht, findest du ihre
Namen auf Seite 80.

# Nachzeichnen, ausmalen und üben

Ich habe hier einige Tierbuchstaben für dich vorgezeichnet.
Zeichne die Umrisse nach, und zeichne auch Details hinzu wie
ausdrucksvolle Gesichter und Haare, Schuppen oder Federn.
Male dann die Tiere bunt an und gib ihnen dabei auch schöne
Fellmuster.

# Dein Lettering mit deiner Schrift

Hast du schon eine Idee für ein eigenes Lettering? Oder sogar für eine eigene Schrift? Super, dann kann es ja losgehen. Für alle Fälle kommen auf den nächsten Seiten noch ein paar Tipps.

## 4 Schritte zum eigenen Lettering:

**1**

Der erste Schritt ist der schwerste: Du brauchst eine Idee. Dann kannst du mit dem Konstruieren deines Letterings beginnen.

**2**

Im Buch findest du Alphabete, Tipps und viele Ideen: Damit machst du erste Entwürfe.

**3**

Jetzt machst du mehr aus deinem Entwurf: Ausprobieren und Skizzieren bis nichts mehr geht.

**4**

Bist du zufrieden mit deinen Skizzen? Wirf trotzdem nochmal einen Blick ins Buch. Und wenn alles passt, zeichnest du dein Lettering!

# Welche Schrift ist meine Schrift?

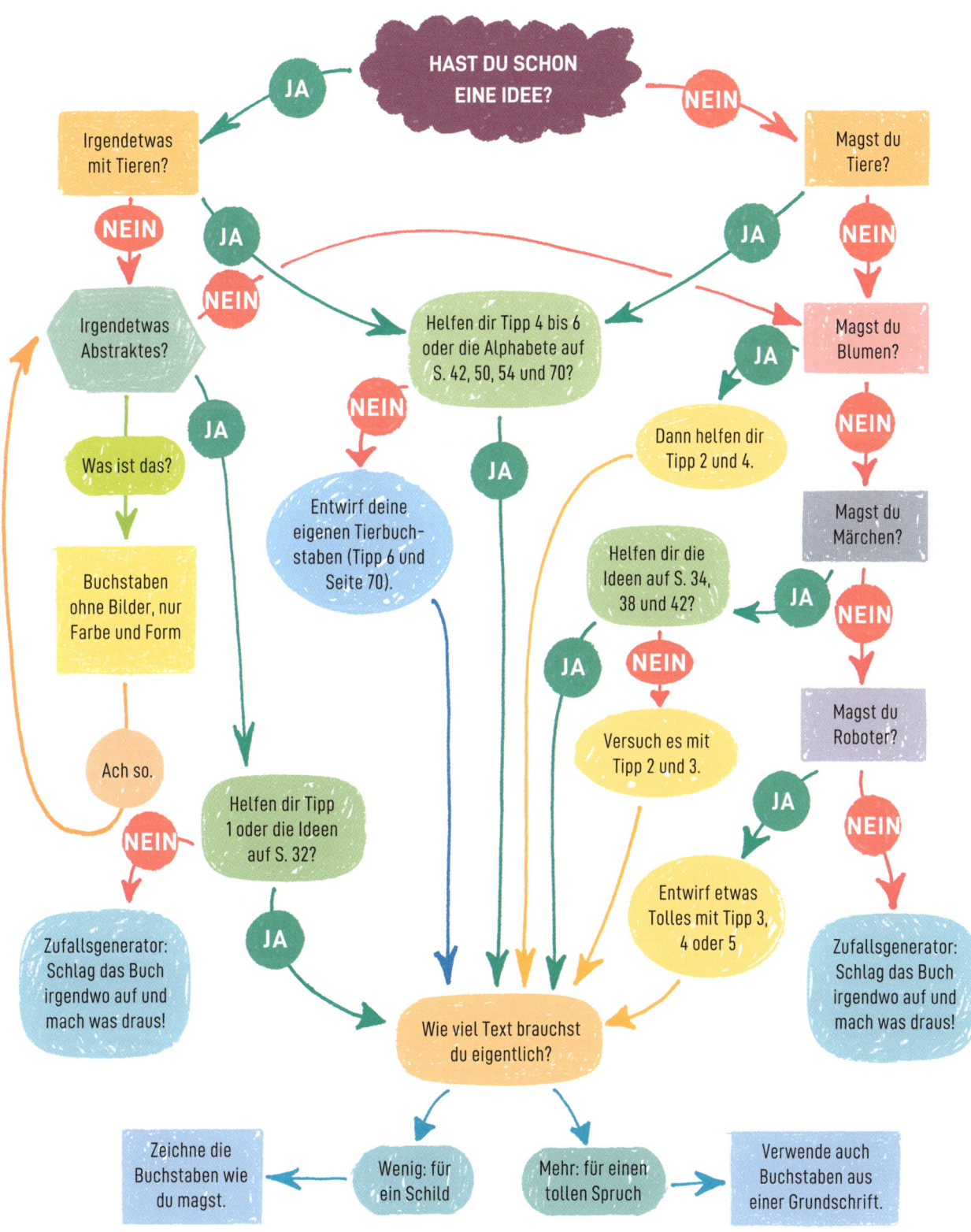

**HAST DU SCHON EINE IDEE?**

JA → Irgendetwas mit Tieren?

NEIN → Magst du Tiere?

Irgendetwas mit Tieren?
- NEIN → Irgendetwas Abstraktes?
- JA → Helfen dir Tipp 4 bis 6 oder die Alphabete auf S. 42, 50, 54 und 70?
- NEIN →

Magst du Tiere?
- JA → Helfen dir Tipp 4 bis 6 oder die Alphabete auf S. 42, 50, 54 und 70?
- NEIN → Magst du Blumen?

Helfen dir Tipp 4 bis 6 oder die Alphabete auf S. 42, 50, 54 und 70?
- NEIN → Entwirf deine eigenen Tierbuchstaben (Tipp 6 und Seite 70).
- JA →

Magst du Blumen?
- JA → Dann helfen dir Tipp 2 und 4.
- NEIN → Magst du Märchen?

Irgendetwas Abstraktes?
- Was ist das? → Buchstaben ohne Bilder, nur Farbe und Form → Ach so.
- JA → Helfen dir Tipp 1 oder die Ideen auf S. 32?

Magst du Märchen?
- JA → Helfen dir die Ideen auf S. 34, 38 und 42?
- NEIN → Magst du Roboter?

Helfen dir die Ideen auf S. 34, 38 und 42?
- JA →
- NEIN → Versuch es mit Tipp 2 und 3.

Dann helfen dir Tipp 2 und 4.

Magst du Roboter?
- JA → Entwirf etwas Tolles mit Tipp 3, 4 oder 5.
- NEIN → Zufallsgenerator: Schlag das Buch irgendwo auf und mach was draus!

Ach so.
- NEIN → Zufallsgenerator: Schlag das Buch irgendwo auf und mach was draus!

Helfen dir Tipp 1 oder die Ideen auf S. 32?
- JA →

**Wie viel Text brauchst du eigentlich?**
- Wenig: für ein Schild → Zeichne die Buchstaben wie du magst.
- Mehr: für einen tollen Spruch → Verwende auch Buchstaben aus einer Grundschrift.

Die Tipps 1 bis 6 findest du übrigens auf den folgenden Seiten.

# 6 Tipps für deine eigene Schrift

**Tipp 1:** **Doodle-Umrandungen**

Zeichne zuerst einfache Buchstaben, ganz wie es dir gefällt.
Umrande sie nun innen und außen mit Doodle-Mustern.

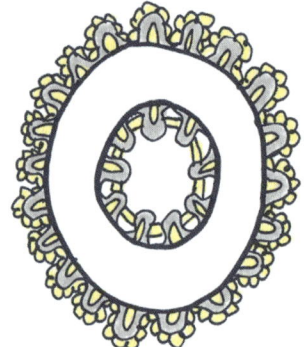

**Tipp 2:** **Zusammengepuzzelt**

Zeichne die Buchstaben ganz leicht mit einem Bleistift vor.
Setze die Form dann aus bunten Einzelteilen zusammen.

**Tipp 3:** **Materialbuchstaben**

Zeichne Buchstaben so, als wären sie aus einem bestimmten Material:
Steine, Blätter, Bambus oder Holz – alles, was dir Spaß macht.

### Tipp 4: Schicke Schilder

Zeichne Dinge, die viel Platz auf ihrem „Bauch" haben.
Darauf kannst du dann die Buchstaben schreiben.

### Tipp 5: Mit Kopf und Fuß

Zeichne zuerst möglichst einfache Buchstabenformen.
Setze dann oben einen Kopf und unten ein Paar Füße an die Form.

### Tipp 6: Alles kann ein Buchstabe sein!

Zeichne deine Lieblingstiere oder -dinge in Form eines Buchstabens.
So kannst du ein ganzes Lieblingsding-Alphabet erschaffen.

# Buchempfehlungen für Dich

ISBN 978-3-7358-9066-5

ISBN 978-3-7358-9126-6

ISBN 978-3-7358-9056-6

ISBN 978-3-7724-4399-2

ISBN 978-3-7724-4391-6

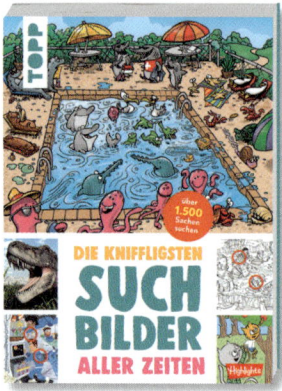

ISBN 978-3-7358-9162-4

ISBN 978-3-7358-9027-6

ISBN 978-3-7358-9148-8

ISBN 978-3-7358-9149-5

ISBN 978-3-7358-9151-8

ISBN 978-3-7358-9152-5

Kreativ-Bücher findest Du auf www.TOPP-kreativ.de

# Weitere Ideen zum Selbermachen gesucht?

Lieblingsstücke von einfach bis einfach genial finden Sie bei TOPP!
Lassen Sie sich auf unserer Verlagswebsite, per Newsletter
oder in den sozialen Netzwerken von unserer Vielfalt inspirieren!

## Website

Verlockend: Welcher Kreativratgeber soll es für Sie sein? Schauen Sie doch auf **www.TOPP-kreativ.de** vorbei & stöbern Sie durch die neusten Hits der Saison!

## TOPP-Autoren

Sie wollen wissen, wer die „Macher" unserer Bücher sind? Wer Ihnen nützliche Tipps & Tricks gibt? Auf **www.TOPP-kreativ.de/Autor** warten jede Menge spannender Infos zum jeweiligen Autor auf Sie. Finden Sie heraus, welches Gesicht hinter Ihrem Lieblingsbuch steckt!

## Facebook

Werden Sie Teil unserer Community & erhalten Sie brandaktuelle Informationen rund ums Handarbeiten auf **www.Facebook.com/Mitstrickzentrale** Wer sich für Basteln, Bauen, Verzieren & Dekorieren interessiert, ist auf **www.Facebook.com/Bastelzentrale** genau richtig!

## Pinterest

Sie sind auf der Jagd nach den neusten Trends? Sie suchen die besten Kniffe? Die schönsten DIY-Ideen? All' das & noch vieles mehr gibt es von TOPP auf **www.Pinterest.de/Frechverlag**

## Newsletter

Bunt, fröhlich & überraschend: Das ist der TOPP-Newsletter! Melden Sie sich unter: **www. TOPP-kreativ.de/Newsletter** an & wir halten Sie regelmäßig mit Tipps & Inspirationen über Ihr Lieblingshobby auf dem Laufenden!

## Extras zum Download in der Digitalen Bibliothek

Viele unserer Bücher enthalten digitale Extras: Tutorial-Videos, Vorlagen zum Downloaden, Printables & vieles mehr. Dieses Buch auch? Dann schauen Sie im Impressum des Buches nach. Sofern ein Freischaltcode dort abgebildet ist, geben Sie diesen unter **www.TOPP-kreativ.de/DigiBib** ein. Nach erfolgreicher Registrierung erhalten Sie Zugang zur digitalen Bibliothek & können sofort loslegen.

## YouTube

Sie wollen eine ganz neue Technik ausprobieren? Sie arbeiten an einem spannenden Projekt, aber wissen nicht weiter? Unsere Tutorials, Werbetrailer, Interviews & Making Of's auf **www.YouTube.com/Frechverlag** helfen Ihnen garantiert dabei, den passenden Ratgeber von TOPP zu finden.

## Instagram

Sie sind auf Instagram unterwegs? Super, TOPP auch. Folgen Sie uns! Sie finden uns auf **www.Instagram.com/Frechverlag** Möchten Sie uns an Ihrem Lieblingsprojekt teilhaben lassen? Am besten posten Sie gleich ein Foto mit dem Hashtag **#frechverlag** & wir stellen Ihr Werk gerne unserer Community vor – yeah!

**Alles in einer Hand gibt's hier:**

Kreativ-Bücher findest Du auf www.TOPP-kreativ.de

# Impressum

ILLUSTRATIONEN UND FOTOS: Norbert Pautner
PRODUKTMANAGEMENT UND LEKTORAT: Lisa Schmidt
LAYOUT, COVERGESTALTUNG UND SATZ: Norbert Pautner
HERSTELLUNG: Konstanze Laue
DRUCK UND BINDUNG: POLYGRAF PRINT spol. s r.o.

8. Auflage 2024

© 2018 frechverlag GmbH, Dieselstr. 5, 70839 Gerlingen, einem Unternehmen der Penguin Random House Verlagsgruppe GmbH, München

produktsicherheit@frechverlag.de

ISBN 978-3-7724-7880-2
Best.-Nr. 7880

FSC www.fsc.org
MIX
Papier | Fördert gute Waldnutzung
FSC® C023577

Penguin Random House
Verlagsgruppe FSC® N001967

Hier ist die Auflösung zum Alphabet der Tiere von Seite 70:

Affe | Brillenschlange | Chamäleon | Dachs | Erdferkel | Faultier
Gürteltier | Hermelin | Igel | Jaguar | Krähe | Lama | Möwe | Natter
Oktopus | Pinguin | Qualle | Reiher | Seelöwe | Tiger | Unke
Vampirfledermaus | Wellensittiche | Xenosaurus | Yak | Zebra